AF193771

# PREFACIO

La Tierra cambia de continuo. Los continentes se mueven, el mar sube y baja, el clima se hace caluroso o muy frío, erupcionan volcanes, caen asteroides... Los seres vivos también cambiamos. Solo sobreviven los mejor adaptados, el resto se extingue y su lugar lo ocupan otros. Esa es la selección natural.

En ocasiones, y ha ocurrido al menos cinco veces desde que aparecieron los seres vivos en nuestra casa común, la desaparición de especies no ha sido paulatina, sino brusca y terrible, en lo que los científicos han llamado «grandes extinciones masivas», producto de inmensos cataclismos que aún no se conocen en profundidad.

En este libro recordamos a los animales que vivieron antes que nosotros, algunos durante millones de años más de los que lleva el Homo sapiens poblando nuestro precioso planeta, y que ya no existen. Recordamos cómo eran, cómo vivían y las posibles causas de su extinción.

Dirección editorial: Isabel Ortiz
Textos: Eliseo García Nieto
Ilustraciones: Lidia Di Blasi
Diseño y maquetación: José Luis Paniagua
Preimpresión: Miguel Ángel San Andrés

© SUSAETA EDICIONES S.A.
C/ Campezo, 13 - 28022 Madrid
Tel.: 91 3009100
www.susaeta.com

Cualquier forma de reproducción, distribución, comunicación pública o transformación de esta obra solo puede ser realizada con la autorización de sus titulares, salvo excepción prevista por la ley. Diríjase a CEDRO (Centro Español de Derechos Reprográficos) si necesita fotocopiar o escanear algún fragmento de esta obra (www.conlicencia.com; 91 702 19 70 / 93 272 04 47).

# EL MAGNÍFICO Libro DE LOS ANIMALES EXTINGUIDOS

ELISEO GARCÍA NIETO

ILUSTRACIONES DE LIDIA DI BLASI

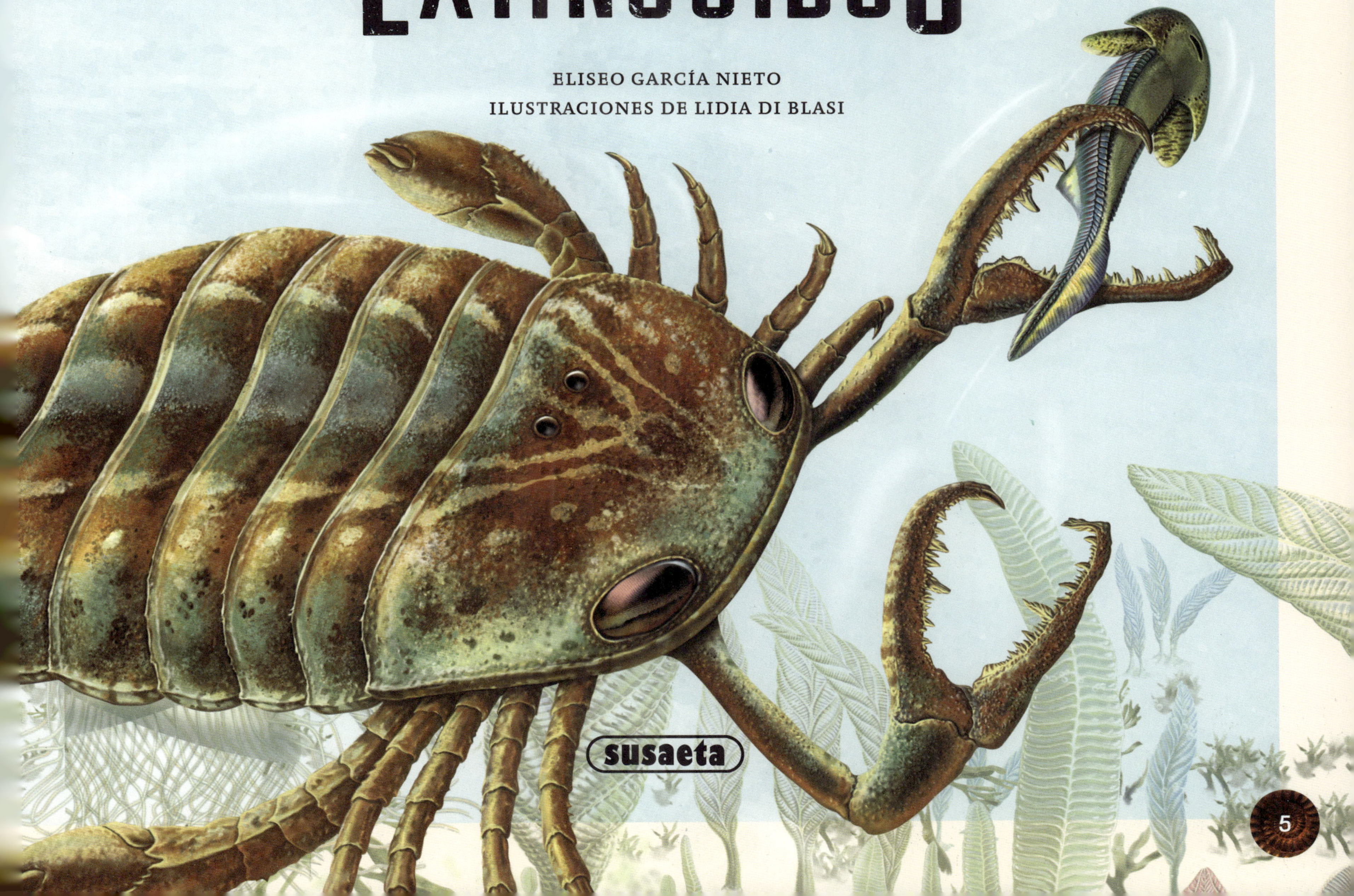

susaeta

# ÍNDICE

# CRONOLOGÍA

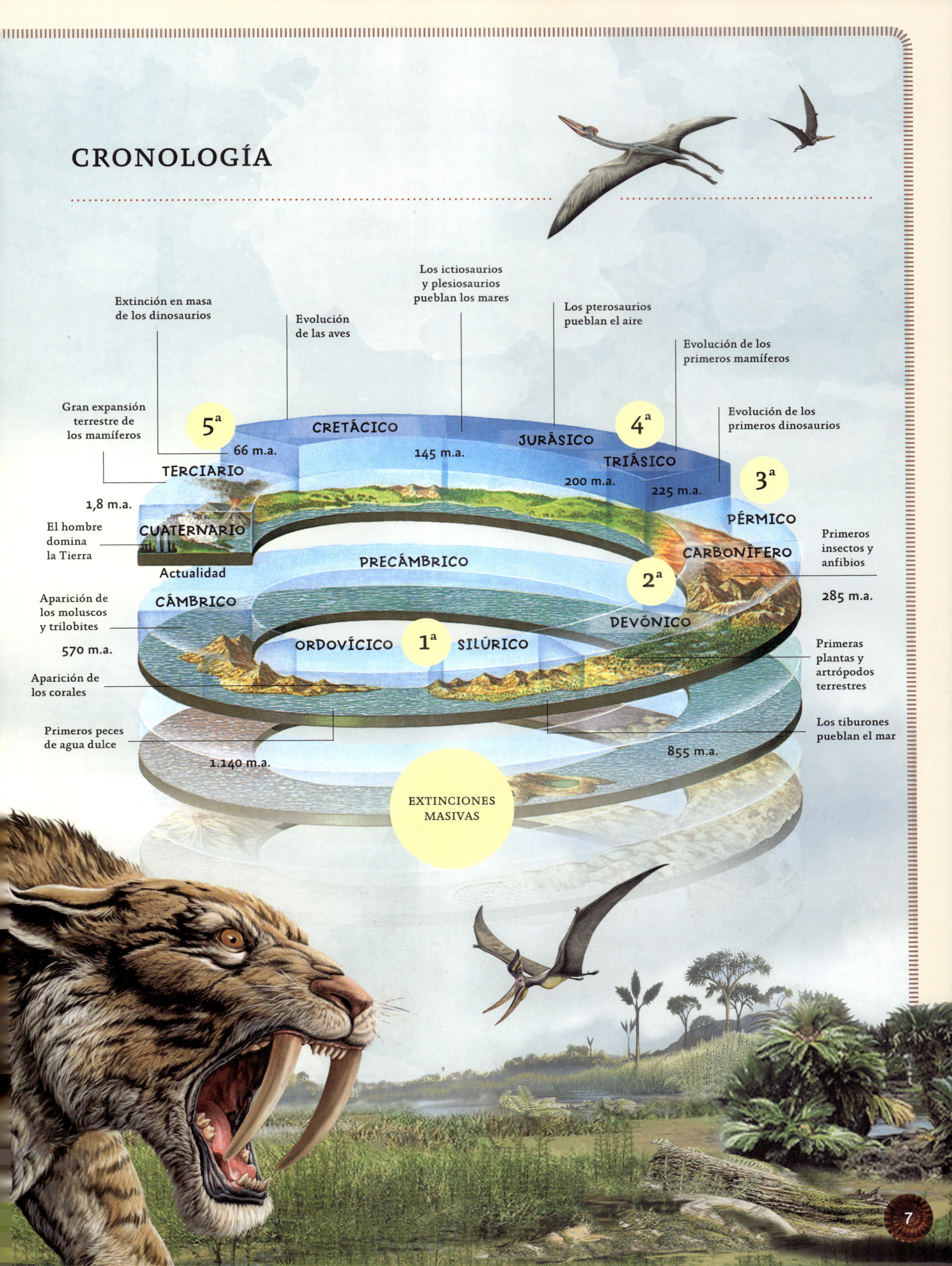

Los ictiosaurios
y plesiosaurios
pueblan los mares

Extinción en masa
de los dinosaurios

Evolución
de las aves

Los pterosaurios
pueblan el aire

Evolución de los
primeros mamíferos

Gran expansión
terrestre de
los mamíferos

5ª

CRETÁCICO

66 m.a.

145 m.a.

JURÁSICO

4ª

Evolución de los
primeros dinosaurios

TERCIARIO

TRIÁSICO

200 m.a.

225 m.a.

3ª

1,8 m.a.

PÉRMICO

El hombre
domina
la Tierra

CUATERNARIO

PRECÁMBRICO

CARBONÍFERO

Primeros
insectos y
anfibios

Actualidad

2ª

285 m.a.

Aparición de
los moluscos
y trilobites

CÁMBRICO

DEVÓNICO

570 m.a.

ORDOVÍCICO

1ª

SILÚRICO

Primeras
plantas y
artrópodos
terrestres

Aparición de
los corales

Los tiburones
pueblan el mar

Primeros peces
de agua dulce

1.140 m.a.

855 m.a.

EXTINCIONES
MASIVAS

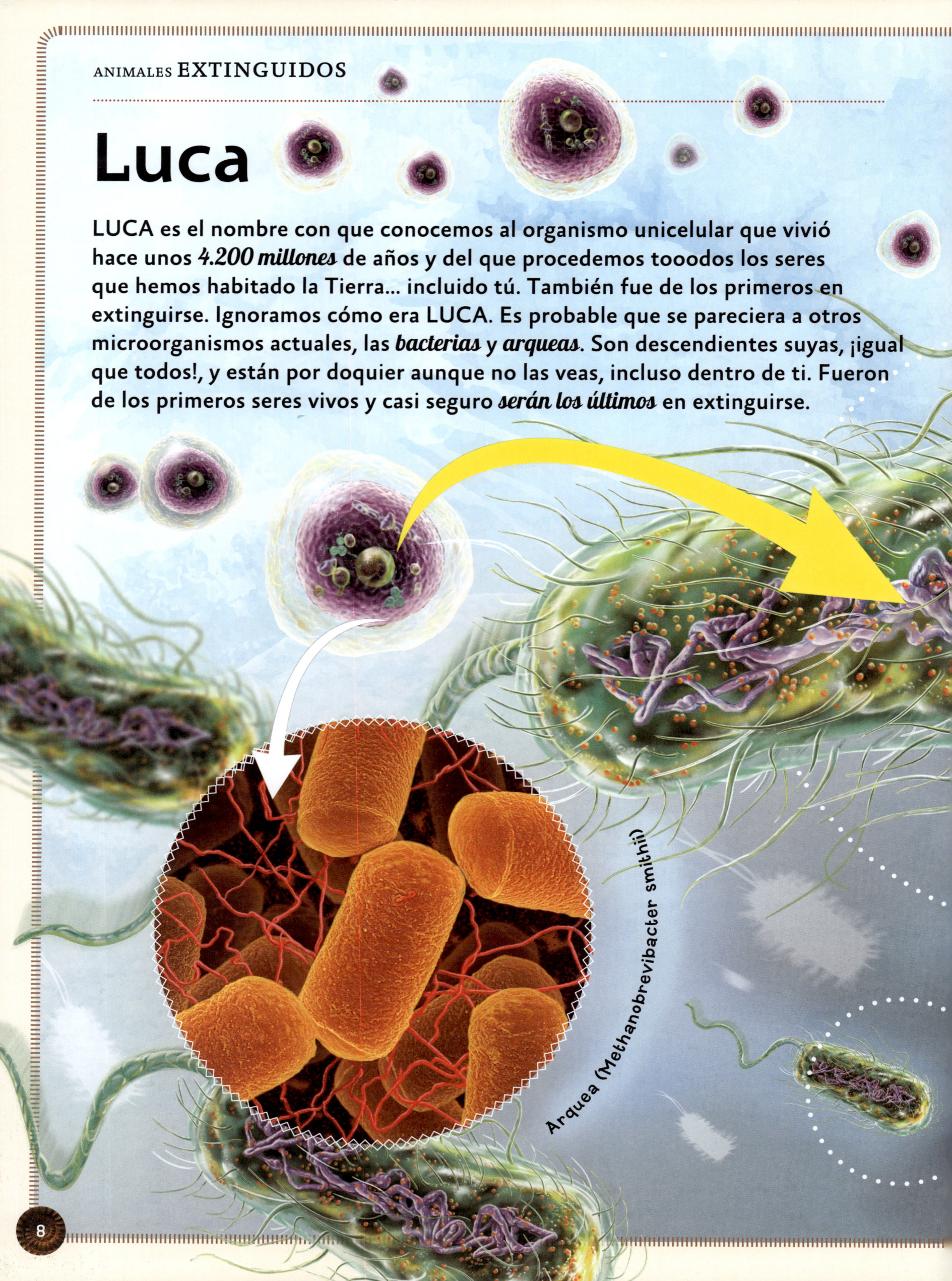

# Luca

LUCA es el nombre con que conocemos al organismo unicelular que vivió hace unos *4.200 millones* de años y del que procedemos tooodos los seres que hemos habitado la Tierra... incluido tú. También fue de los primeros en extinguirse. Ignoramos cómo era LUCA. Es probable que se pareciera a otros microorganismos actuales, las *bacterias* y *arqueas*. Son descendientes suyas, ¡igual que todos!, y están por doquier aunque no las veas, incluso dentro de ti. Fueron de los primeros seres vivos y casi seguro *serán los últimos* en extinguirse.

Arquea (Methanobrevibacter smithii)

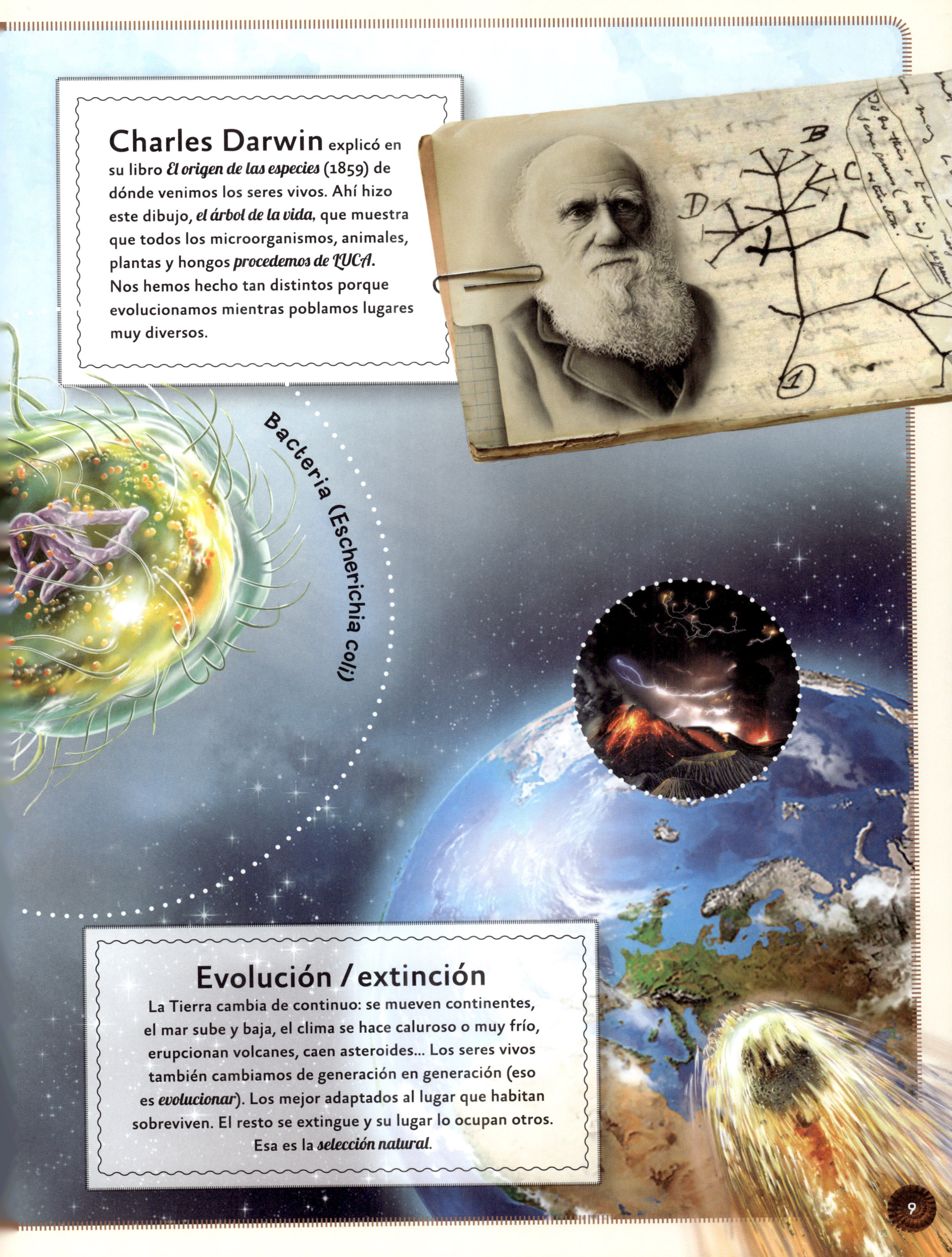

**Charles Darwin** explicó en su libro *El origen de las especies* (1859) de dónde venimos los seres vivos. Ahí hizo este dibujo, *el árbol de la vida*, que muestra que todos los microorganismos, animales, plantas y hongos *procedemos de LUCA*. Nos hemos hecho tan distintos porque evolucionamos mientras poblamos lugares muy diversos.

Bacteria (*Escherichia coli*)

## Evolución / extinción

La Tierra cambia de continuo: se mueven continentes, el mar sube y baja, el clima se hace caluroso o muy frío, erupcionan volcanes, caen asteroides... Los seres vivos también cambiamos de generación en generación (eso es *evolucionar*). Los mejor adaptados al lugar que habitan sobreviven. El resto se extingue y su lugar lo ocupan otros. Esa es la *selección natural*.

# La gran oxidación y la fauna de Ediacara *Charnia masoni | Kimberella quadrata*

*Dickinsonia | Cyclomedusa | Spriggina*

Entre los animales más antiguos que conocemos están los de *la fauna de Ediacara*. Eran seres de *cuerpo blando* que poblaron los mares hace entre *635 y 541 millones* de años. Son tan desconocidos que hay dudas para clasificarlos. Incluso se ha considerado crear para ellos un *reino distinto* del animal. Ni siquiera sabemos cómo se alimentaban y casi ninguno presenta indicios de haber tenido boca.

> La fauna ediacárica parece haberse esfumado sin evolucionar en ninguna especie posterior, pero sigue en estudio esa posibilidad. También *es misterioso* cómo se extinguieron. Una posibilidad es que retrocedieran ante el aluvión de especies surgidas en el siguiente periodo geológico, *el Cámbrico*.

## ¡COMPARA!

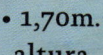

- 1,70 m. altura
- Dickinsonia 1 m
- Charnia 60 cm
- Cyclomedusa 20 cm
- Kimberella 10 cm
- Spriggina 5 cm

**Gran oxidación** Las microscópicas *cianobacterias* son los primeros seres que hicieron la *fotosíntesis* (alimentarse usando la luz para descomponer un gas muy abundante, el dióxido de carbono). Ese proceso libera otro gas: *oxígeno*. ¡Pasó de ser escaso a llenar la atmósfera! Fue la *Gran Oxidación*, hace *2.400 millones* de años. Extinguió incontables especies: el oxígeno que tú respiras era *tóxico* para ellas.

# Trilobites: de 20.000 especies a ninguna

La mayor diversidad zoológica se dio en el periodo *Cámbrico* (hace entre 541 y 485 millones de años). Aparecieron un centenar de tipos de animales, plantas y hongos, pero solo sobrevivieron una treintena.

*Cámbrico*

Entre las decenas de tipos de animales cámbricos extintos sin sucesión estaban los *Hallucigenia*, unos gusanos espinosos tan raros que aún se discute cuál era la parte de arriba.

Olenoides serratus

✳ Trilobites significa que su cuerpo tenía tres lóbulos

Acadoparadoxides briaeus

**¡COMPARA!**

• 94 cm altura

• Isotelus rex 72 cm

• Hallucigenia 3 cm

• Dechenella lucasensis 3 cm

Olenelus thompsoni

Dechenella lucasensis

# Primera extinción masiva

Liquidó al *85 por ciento* de las especies que había a finales del periodo *Ordovícico*, hace unos *440 millones* de años. Perecieron el 70 por ciento de géneros de trilobites. El plancton y los corales quedaron diezmados.

## POSIBLES CAUSAS DE EXTINCIÓN

✳ Una glaciación redujo el nivel del mar y suprimió hábitats. El deshielo volvió a alterarlos.

✳ Proliferaron microorganismos que dejaron el mar sin oxígeno (anoxia).

✳ Una supernova (explosión de una estrella) eliminó la capa atmosférica que nos protege del Sol.

Uralichas hispanicus

**Ordovícico**

Asaphus kowalewskii

Esta clase de artrópodos anduvo por el mar casi 300 millones de años. Hay fósiles de *20.000 especies*, desde pocos milímetros de largo a los 70 cm de *Isotelus rex*. Igual de variada era su alimentación (plancton, carroña, gusanos). Sabemos más de ellos que de muchas especies vivas.

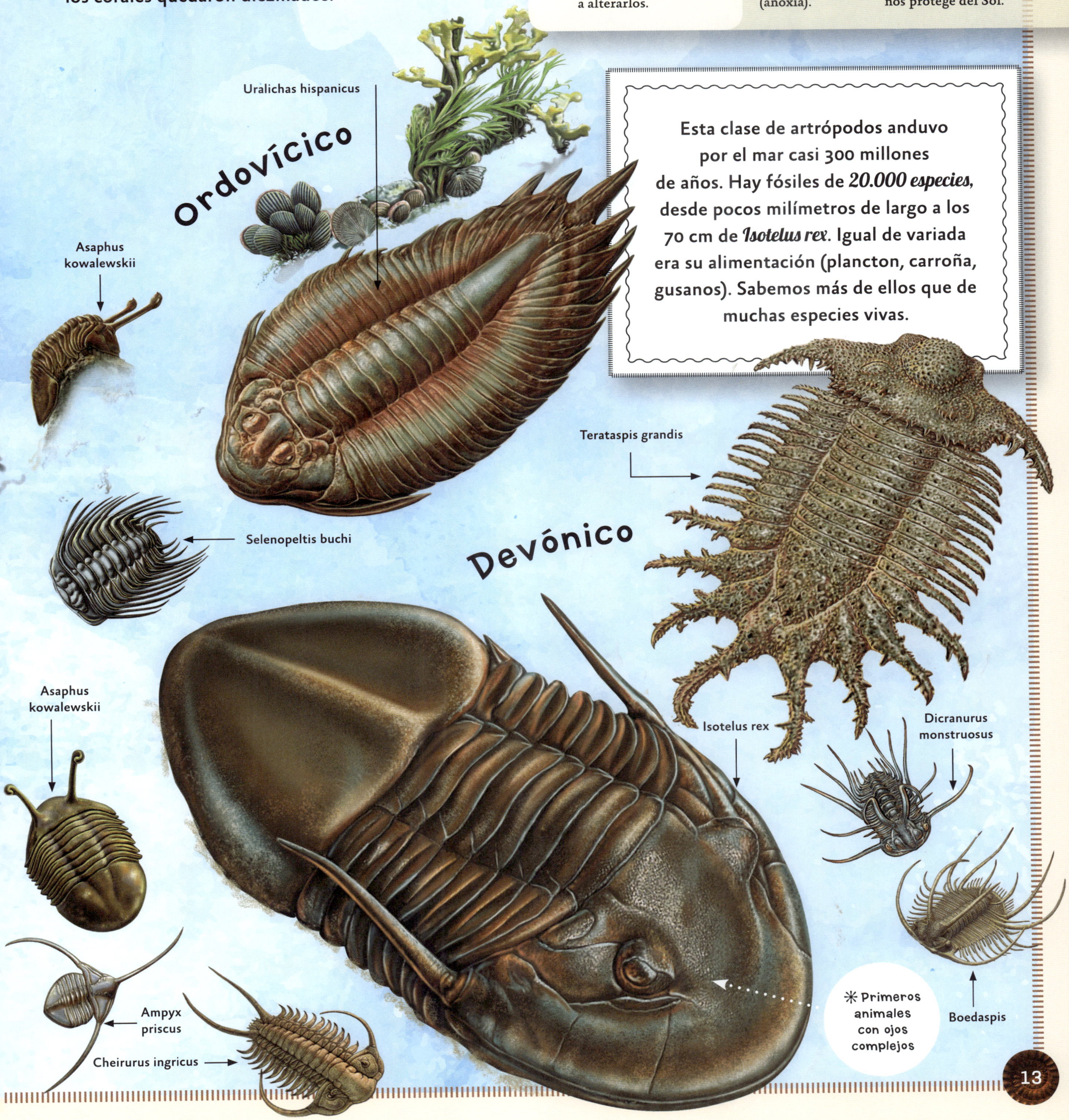

Selenopeltis buchi

Terataspis grandis

**Devónico**

Asaphus kowalewskii

Isotelus rex

Dicranurus monstruosus

Ampyx priscus

Cheirurus ingricus

✳ Primeros animales con ojos complejos

Boedaspis

13

# El primer superpredador

## Anomalocaris

La inaudita diversificación de especies en el *Cámbrico y el Ordovícico* (hace entre 540 y 440 millones de años) vio surgir y desaparecer a los primeros superpredadores. Eran animales *marinos*, como toda la fauna entonces, y del género *Anomalocaris*. Pese a su tamaño modesto en comparación con los de hoy, en su época eran gigantes que dominaron los océanos hasta su extinción.

Sus espinosos *apéndices frontales* le servían para apresar víctimas y es probable que también despedazarlas, pues su *boca circular* parece más apta para succionar que morder. Por eso se duda de que pudieran devorar trilobites, dotados de caparazón duro y que se enroscaban para protegerse.

## Ojos avanzados

Los ojos de los *Anomalocaris*, similares a los de las actuales libélulas, eran los más complejos de su época. Tenía dos, de 3 cm de diámetro y compuestos de más de 15.000 lentes. Todo apunta a que gozaban de visión *excepcional y en color*.

## Muchas incógnitas

Hasta que se hallaron restos del animal completo, se creía que los fósiles de su boca eran anémonas y los de sus apéndices frontales, camarones (de ahí el nombre *Anomalocaris*, que en griego significa *camarón extraño*). Se le creía extinto en el Cámbrico, pero aparecieron rastros de hace 470 millones de años, en el Ordovícico, que dejan en duda cuándo y por qué desapareció.

### ¡COMPARA!

• 20 cm

• Anomalocaris 40 cm

# Hola y adiós, peces acorazados *Dunkleosteus terrelli*

El periodo *Devónico* (hace entre 416 y 359 millones de años) se llama *Edad de los Peces* porque fueron los animales dominantes. Los primeros peces carecían de *mandíbula*. Tras desarrollarla, crecieron de manera nunca vista antes y se cubrieron de placas óseas protectoras. Aquellos *peces acorazados (placodermos)* duraron hasta la segunda extinción masiva.

Los placodermos dominaron las aguas devónicas gracias a su mandíbula recién estrenada. La mayoría eran pequeños, pero había *superpredadores* como el *Dunkleosteus terrelli*, uno de los primeros predadores de varios metros de longitud. Su cabeza blindada de placas óseas y su mandíbula eran tan grandes que durante años se calculó que medía 10 m, pero un estudio publicado en 2023 estableció que alcanzaba un tercio de esa longitud. Desapareció al final del Devónico, como todos los placodermos.

## ¡COMPARA!

- 1,70 m altura
- Dunkleosteus 3,5 m

✳ Una glaciación redujo el nivel del mar y suprimió hábitats. El deshielo volvió a alterarlos.

✳ El impacto de un asteroide oscureció la atmósfera.

✳ Erupciones colosales cambiaron el clima y acidificaron el mar.

✳ Proliferaron microorganismos que dejaron el mar sin oxígeno (anoxia).

✳ Una supernova (explosión de una estrella) eliminó la capa atmosférica que nos protege del Sol.

# Segunda extinción masiva

Empezó al final del *Devónico*, hace unos *365 millones* de años. Entre el *75 y 80 por ciento* de las especies fenecieron, la mayoría de ellas eran *marinas*, aunque ya había vida en tierra. Además de los placodermos, entre los más golpeados estuvieron de nuevo trilobites y corales.

# El insecto más grande que ha existido *Meganeura*

Los insectos más grandes vivieron en las inmensas selvas tropicales del periodo *Carbonífero* (hace entre 359 y 299 millones de años) hasta que un cambio climático acabó con ellas. El *colapso de la selva tropical del Carbonífero* fue una *extinción menor* que las masivas.

El clima tropical y la riqueza de oxígeno en el aire (50 por ciento más que ahora) dieron lugar a *insectos colosales*. *Meganeura* era similar a una libélula, pero con envergadura de gaviota, con lo que era capaz de cazar anfibios. El *cambio climático* redujo el tamaño de las selvas y sus habitantes... y los insectos gigantes se esfumaron.

✳ Una glaciación hizo que
el clima se volviera frío y árido.

## Monstruo de Tully

Un aficionado a los fósiles
apellidado Tully halló un animal
carbonífero tan raro que no se sabe
ni si tenía esqueleto.

¡COMPARA!

• 1,70 m
altura

• Meganeura
75 cm

• Tullimonstrum
35 cm

# Anfibios como caimanes *Eryops megacephalus*

La abundancia de oxígeno y humedad en las selvas del *Carbonífero* no solo propició un insólito crecimiento de los artrópodos; también el de los *anfibios*. Entre finales de ese periodo y comienzos del Pérmico, hace unos 330 millones de años, surgieron predadores como el *Eryops*, similar en forma y tamaño a un caimán actual... pero que tenía más en común con una rana. Su declive empezó con el de las selvas carboníferas.

Tenía *patas cortas y cola robusta*, lo que lleva a suponer que también se parecía a los caimanes en el modo de caminar y nadar. Otra similitud eran las protuberancias óseas de su piel, a modo de coraza. Su boca estaba repleta de *colmillos* curvos –¡incluso en el paladar!– para aferrar presas escurridizas mientras las engullía. Eso hace pensar que se alimentaba de peces y anfibios.

## ¡COMPARA!

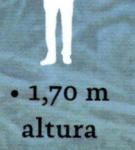

• 1,70 m
altura

• Eryops
2 m

✳ Una glaciación hizo que
el clima se volviera frío y árido.

## POSIBLES CAUSAS DE EXTINCIÓN

✳ El impacto de un asteroide oscureció la atmósfera.

✳ Erupciones colosales cambiaron el clima y acidificaron el mar.

✳ Se liberaron depósitos submarinos de metano (gas de *efecto invernadero*) que calentaron el clima.

✳ El movimiento del supercontinente Pangea cambió el clima.

# Tercera extinción masiva

La vida nunca estuvo más cerca de desaparecer que en la llamada *Gran Mortandad*. ¡Volatilizó al *96 por ciento* de las especies! Empezó al final del periodo *Pérmico*, hace unos *252 millones de años*. Solo un 4 por ciento de las especies marinas y un 30 por ciento de las terrestres sobrevivieron. Euriptéridos y trilobites no lo lograron.

## ¡COMPARA!

• 1,70 m altura

• Jaekelopterus rhenaniae 2,5 m

# Ni escorpiones, ni marinos *Jaekelopterus rhenaniae*

Los mayores competidores de los peces eran un orden de animales denominados *euriptéridos*. Se les llama *escorpiones marinos*, por las pinzas de varias especies y su cola estrecha, similar a la de un alacrán, aunque sin aguijón. Pero ni eran escorpiones, ni muchos vivían en los mares. Ninguno de ellos superó la *mayor extinción* masiva que ha habido.

Los euriptéridos fueron *predadores* activos. Al principio eran marinos, pero luego la mayoría colonizaron las aguas dulces e incluso se volvieron *anfibios*. Sus *250 especies* tenían un tamaño muy diverso, desde pocos centímetros hasta gigantes como el *Jaekelopterus rhenaniae*.

# Nuestros parientes lejanos y los primeros grandes reptiles

## *Inostrancevia alexandri | Scutosaurus karpinskii*

Los mayores animales terrestres a finales del *Pérmico* pertenecían a dos familias muy distintas: los *gorgonópsidos* eran carnívoros y parientes lejanos de los mamíferos actuales; los *pareiasáuridos* fueron de los primeros grandes *reptiles* herbívoros. Ni unos ni otros superaron la *Gran Mortandad*.

## ¡COMPARA!

- 1,70 m altura
- Inostrancevia alexandri 4,5 m
- Scutosaurus karpinskii 2,5 m

Los pareiasáuridos se cubrieron de *gruesas placas* para defenderse de sus predadores. Y estos desarrollaron *dientes de sable*. El gorgonópsido más grande, *Inostrancevia alexandri*, tenía colmillos de 12 cm. Entre sus víctimas estaba *Scutosaurus karpinskii*, de 500 kg.

✳ El impacto de un asteroide oscureció la atmósfera.

✳ Erupciones colosales cambiaron el clima y acidificaron el mar.

✳ Se liberaron depósitos submarinos de metano (gas de *efecto invernadero*) que calentaron el clima.

✳ El movimiento del supercontinente Pangea cambió el clima.

# La larga despedida de los grandes anfibios

## *Gerrothorax*

Los anfibios estuvieron entre los animales de mayor tamaño durante 200 millones de años, gracias a su soltura en agua y tierra. Muchos eran como cocodrilos en aspecto y tamaño. Pero esas especies gigantes empezaron a declinar a la vez que las selvas del Carbonífero y acabaron desapareciendo casi por completo al final del *Triásico* en la **cuarta extinción masiva**, hace *201 millones* de años.

## ¡COMPARA!

- 1,70 m altura
- Gerrothorax 1 m

Los anfibios del género *Gerrothorax* habitaban aguas dulces del Triásico. Su cuerpo plano con ojos grandes en lo alto de la cabeza sugiere que cazaban al *acecho*, ocultos en el cieno. Eso también explica la extraña articulación de su boca: en vez de abrirla moviendo la mandíbula inferior, como la mayoría de los animales, ¡alzaba la superior como la tapa de un váter!

# Cuarta extinción masiva

El Triásico empezó tras la *Gran Mortandad* y acabó con otra oleada de extinciones, que liquidó al *76 por ciento* de las especies. Las más castigadas fueron los grandes anfibios y reptiles. Por el contrario, sobrevivieron los pequeños anfibios, antepasados de las actuales ranas.

## POSIBLES CAUSAS DE EXTINCIÓN

✳ Erupciones colosales cambiaron el clima y acidificaron el mar.

✳ El impacto de un asteroide oscureció la atmósfera.

# Parientes con distintos dientes *Placerias hesternus*

Algunos parientes remotos de los mamíferos seguían teniendo un tamaño enorme en el Triásico. Buen ejemplo de ello eran los *dicinodontos*, así llamados por sus dos grandes *colmillos (dicinodonto* significa en griego *dos dientes de perro)*. Pese a su aspecto amenazador, eran *herbívoros*. La cuarta extinción masiva acabó con ellos.

## ¡COMPARA!

• 1,70 m altura

• Placerias hesternus 3,5 m

*Placerias hesternus* tenía dos colmillos a los lados de un *pico sin dientes*, como casi todos los dicinodontos. Alcanzaba una tonelada de peso y vivía en manadas, como los grandes mamíferos herbívoros actuales.

# El amanecer de los dinosaurios

Una extinción masiva deja libre el camino para que las especies supervivientes evolucionen y reemplacen a los desaparecidos. La del final del *Triásico* abrió el camino a los *dinosaurios* en el siguiente periodo geológico, el *Jurásico*.

29

POSIBLES CAUSAS DE EXTINCIÓN

✳ Erupciones colosales cambiaron el clima y acidificaron el mar.

✳ El impacto de un asteroide oscureció la atmósfera.

## POSIBLES CAUSAS DE EXTINCIÓN

✳ Erupciones colosales cambiaron el clima y acidificaron el mar.

✳ El impacto de un asteroide oscureció la atmósfera.

## Prueba de la deriva continental

La presencia de fósiles de *Cynognathus* en *Sudamérica y África* fue una de las pruebas que sirvieron al científico *Alfred Wegener* para verificar su teoría de la *deriva continental*, que demostró que continentes que están distantes estuvieron juntos antes.

## ¡COMPARA!

• 1,70 m altura

• Cynognathus
1 m de longitud y 60 cm de altura

# Más parientes (y con dientes no tan distintos)

## *Cynognathus crateronotus*

Los dicinodontos del *Triásico* convivían con otra rama de parientes remotos de los mamíferos. Su boca tenía un aspecto canino y por eso se llaman *cinodontos (dientes de perro)*. Entre ellos había carnívoros como el *Cynognathus*. La gran extinción que cerró el Triásico diezmó a los cinodontos, pero algunos sobrevivieron y evolucionaron en los mamíferos. *Cynognathus* no estuvo entre ellos.

Del metro de longitud que medía *Cynognathus crateronotus*, una tercera parte correspondía a la cabeza. *Tenía dientes diversos* para usos especializados (desgarrar, cortar, triturar...). Hay indicios de que disponía de *vibrisas*, esos bigotes sensoriales que tienen los felinos, las morsas y otros mamíferos.

# Pez con talla de rocual *Leedsichthys problematicus*

Los *arcinopterigios* (peces óseos con aletas espinosas) son hoy los vertebrados con más especies: casi 30.000. Pero la de mayor tamaño se esfumó hace 150 millones de años, a finales del *Jurásico*. Se cree que alcanzaba los *16 metros*, talla de cetáceos actuales como el rorcual norteño o el pez cartilaginoso más grande, el tiburón ballena. Medirlo fue difícil, porque el estudio de sus fósiles es complejo. Por algo se le llamó *Leedsichthys problematicus*.

¡COMPARA!

• 1,70 m altura

• Leedsichthys 16 m

# ¿Pez... o dinosaurio?

Los primeros fósiles de *Leedsichthys* desorientaron a los paleontólogos, que los confundieron con estegosaurios. También ha sido objeto de debate la longitud del pez, dada la inexistencia de esqueletos completos. Algunas mediciones daban tallas de 30 m, casi el doble que los estudios más recientes.

*Leedsichthys* tenía una **enorme boca sin dientes** y grandes **branquispinas** (especie de peines óseos que filtran el agua que pasa a las branquias a través de la boca), como los actuales tiburones peregrinos y boquianchos. Por eso se ha deducido que comía igual que ellos: *filtrando plancton y pequeños peces y crustáceos*. Esa alimentación explica también su gigantesco tamaño, similar al de peces y ballenas actuales que se nutren así.

## POSIBLES CAUSAS DE EXTINCIÓN

✳ Un cambio climático hizo que escasearan las especies de las que se alimentaba.

# El último de su estirpe

## *Koolasuchus cleelandi*

Los *anfibios gigantes* ya estaban en retroceso desde el colapso de la *selva tropical del Carbonífero* hace unos 300 millones de años. Luego, 100 millones de años después, fueron arrasados por la mortandad final del Triásico. Tuvieron un *último representante: Koolasuchus cleelandi*, cuya insólita capacidad de adaptarse en su evolución extendió la supervivencia de la estirpe 50 millones de años más.

La cuarta extinción masiva, con la que se cerró el *Triásico*, tuvo como consecuencia que los anfibios redujeron su tamaño. Sobrevivieron las especies más pequeñas y en el siguiente periodo, el *Jurásico*, también tenían difícil crecer, en un mundo dominado por reptiles. *Koolasuchus* se aclimató a hábitats fríos, poco aptos para sus competidores, y alcanzó al menos los 3 metros de longitud. La estrategia le funcionó hasta que a principios del *Cretácico*, hace unos 120 millones de años, el clima se calentó.

**¡COMPARA!**

• 1,70 m altura

• Koolasuchus 3 m

**Aspecto inconfundible** El cuerpo *plano*, los ojos en la *parte superior* de la cabeza y la *enorme boca* dentada del *Koolasuchus* revelan de manera inconfundible que era un *predador acuático* que acechaba en el fondo del agua y lanzaba rápidos ataques a la superficie. Es muy probable que capturara pequeños dinosaurios que iban a beber a su territorio de caza.

POSIBLES CAUSAS DE EXTINCIÓN

✳ El calentamiento climático lo puso en desventaja frente a los reptiles.

# El asteroide que extinguió a los amonites

La *Quinta extinción masiva* sobrevino hace *66 millones de años*, al final del *Cretácico*. Fue mucho más rápida que las anteriores.

¡La máxima devastación se alcanzó en solo *un mes*! El *76 por ciento* de las especies desaparecieron. La caída de un asteroide (gran roca del espacio exterior) puso fin a 150 millones de años de dominio de los reptiles. De 800 especies de *dinosaurios*, solo quedaron los antepasados de las *aves*. Pero otros animales dejaron muchos más fósiles: los *amonites*.

Los amonites eran moluscos cefalópodos que poblaron el mar 370 millones de años. Hay miles de fósiles de sus *conchas*. ¡Las usaban de *flotador*, metiendo aire en ellas! Muchos comían plancton y arrojaban tinta para huir de sus predadores, como los pulpos y otros cefalópodos modernos.

**Psiloceras planorvis**
(Jurásico)

**Ceratites nodosus**
(Triásico)

**Goniatites sp.**
(Devónico - Triásico)

✳ El movimiento continental generó cambios climáticos.

✳ Erupciones colosales cambiaron el clima y acidificaron el mar.

✳ El impacto de un asteroide oscureció la atmósfera.

**Nipponites mirabilis**
(Cretácico)

**Audoliceras renauxianum**
(Cretácico inferior)

**Didymoceras nebracense**
(Cretácico)

**Proaustraliceras tuberculatum**
(Cretácico inferior)

## Los raros

La mayoría de amonites eran de pocos centímetros y bastante parecidos. Pero hubo alguno gigantesco, como *Parapuzosia seppenradensis*. Otros desarrollaron conchas raras y curiosas.

## ¡COMPARA!

• Parapuzosia
2,5 m

• Goniatites
5 cm

• 1,70 m
altura

# Parecían delfines, pero eran reptiles

## *Ophthalmosaurus icenicus* | *Shonisaurus popularis*

Mientras los dinosaurios se expandían por tierra, otros reptiles diferentes lo hicieron en el mar, aunque tenían que salir a la superficie a respirar, igual que las ballenas. Los mejor adaptados fueron los del orden Ichthyosauria (pez lagarto, en griego), los ictiosaurios. Durante sus 160 millones de años de existencia se diversificaron en decenas de especies.

Entre los más extendidos estuvieron los del género *Ophtalmosaurus*. Tenían unos *ojos de más de 20 cm*, capaces de ver en las oscuras profundidades, capacidad que también tenían los *calamares*, su plato favorito. Todos los ictiosaurios eran *carnívoros* con dientes especializados, según sus presas fuesen grandes, pequeñas o con caparazón. *Respiraban aire* y tenían que emerger a la superficie con frecuencia. Se supone que saltaban fuera del agua.

## ¡COMPARA!

- 1,70 m altura
- Ophthalmosaurus icenicus 4 m
- Shonisaurus popularis 15 m

Marlines (peces), delfines (mamíferos) e ictiosaurios (reptiles) guardan grandes semejanzas, pese a ser de estirpes muy distintas. Son ejemplo de *evolución convergente*: seres de orígenes o épocas muy diferentes que desarrollan un aspecto y una conducta similar.

## POSIBLES CAUSAS DE EXTINCIÓN

✳ Desequilibrios en el ciclo de carbono causaron en el mar a mediados del Cretácico dos episodios seguidos de anoxia (falta de oxígeno), al proliferar bacterias que consumieron el oxígeno del agua. Eso exterminó a los animales de los que dependían los ictiosaurios.

El éxito de los ictiosaurios es patente en su gran diversidad y *variados tamaños*, desde menos de 50 cm hasta los 15 m del *Shonisaurus popularis*. Pero se esfumaron hace 90 millones de años.

# Fin del cuello interminable

## *Albertonectes vanderveldei | Monquirasaurus boyacensis*

En general pensamos que los *plesiosaurios* eran unas bestias enormes y de pescuezo larguísimo. Pero los reptiles marinos del orden *Plesiosauria* –que, como los ictiosaurios, tampoco eran dinosaurios– tenían diversos tamaños, los había *cuellicortos y cuellilargos*. Entre estos últimos destacaban los de la familia *Elasmosauridae o elasmosáuridos*.

De los 11 m del *Albertonectes vanderveldei*, 7 eran de cuello, ¡el triple que una jirafa! Le era imposible sacarlo entero del agua para respirar. Como todos los plesiosaurios, nadaba con las aletas pectorales. Se cree que era lento y cazaba al acecho a sus presas gracias a su largo cuello.

**CRETÁCICO SUPERIOR** (hace 74 millones de años)

La mayoría de los plesiosaurios de cuello corto eran del suborden *Pliosauroidea o pliosáuridos*. Eran *superpredadores rápidos* y con fuertes mandíbulas. Monquirasaurus boyacensis fue uno de los mayores.

## CRETÁCICO INFERIOR
(hace 115 millones de años).

Los plesiosaurios tragaban *gastrolitos*, piedras que al entrechocar trituraran la comida. ¡Un fósil de *Albertonectes* tenía casi *cien*! También los ingerían los *dinosaurios* y sus descendientes, las *aves*.

## Extinción en dos tiempos

Los pliosáuridos perecieron hace 90 millones de años, por la misma falta de aire en el mar (anoxia) que borró a los ictiosaurios. Los plesiosaurios cuellilargos les sobrevivieron 24 millones de años, hasta que cayó el aerolito que puso fin también a los dinosaurios y los amonites, dando por concluido otro periodo de la Tierra, el Cretácico.

## ¡COMPARA!

• 1,70 m altura

• Albertonectes vanderveldei 11 m, de los que 7 corresponden al cuello)

• Monquirasaurus boyacensis 7 m

## POSIBLES CAUSAS DE EXTINCIÓN

✳ Desequilibrios en el ciclo de carbono causaron dos episodios marinos de anoxia a mediados del Cretácico.

✳ El impacto de un meteorito o más al final del Cretácico causó tsunamis devastadores y generó residuos atmosféricos que bloquearon la luz solar largo tiempo.

✳ Masivas erupciones al final del Cretácico ocultaron el cielo, creando un *efecto invernadero*.

41

# Pioneros aéreos (y acuáticos)

## Rhamphorhynchus muensteri | Pterodactylus antiquus

Los reptiles dominaron los cielos durante 150 millones de años. No eran dinosaurios, sino *pterosaurios*, del género *Pterosauria* (lagartos alados, en griego). Fueron los primeros vertebrados (animales con esqueleto) *voladores*. Surgieron en el *Triásico*. En el *Jurásico* ya surcaban el aire con soltura. Ejemplo de ello son el *pterodáctilo* y los *ranforrincos*, que incluso alzaban vuelo tras zambullirse en el mar.

El pterodáctilo (*Pterodactylus antiquus*) y ranforrincos como *Rhamphorhynchus muensteri* convivieron en las *costas* a finales del Jurásico. Eran pterosaurios primitivos, con *dientes* en el pico. Los ranforrincos desaparecieron antes del Cretácico, mientras que los pterosaurios sin cola evolucionaron, perdieron los dientes y crecieron en tamaño.

El pterodáctilo se alimentaba de *insectos*. Se supone que era de costumbres *diurnas* y formaba *bandadas*. A diferencia de los ranforrincos, carecía de cola y tenía cresta. Ambas características las heredaron los pterosaurios gigantes del Cretácico, emparentados con él.

Los ranforrincos tenían *cola,* cuyo extremo cambiaba con la edad, de romboidal a triangular. Comían peces y hay indicios de que se *sumergían* en su busca, como las actuales aves marinas. La forma y tamaño de sus ojos apunta a que eran de hábitos *nocturnos.*

¡COMPARA!

• 1,70 m altura

• Rhamphorhynchus muensteri 1,3 m largo x 1,8 m envergadura.

• Pterodactylus antiquus 1 m largo x 1,5 m envergadura.

# El hundimiento de los reptiles marinos
## *Mosasaurus hoffmannii*

La desaparición de los pliosaurios a mediados del Cretácico dejó abierto el camino para nuevos predadores. Los últimos grandes reptiles acuáticos fueron los *mosasaurios*, víctimas de la quinta extinción masiva. Sus *fósiles* fueron clave para descubrir que las especies se extinguen. El primer naturalista que se dio cuenta fue *Georges Cuvier*, en 1796.

Los *mosasaurios* fueron los *superpredadores* marinos de finales del *Cretácico*. Se cree que acechaban a sus presas y las mataban de una dentellada en la cabeza con su potente *mandíbula*. Hay fósiles con marcas de agresión entre mosasaurios, no se sabe si son muestras de canibalismo o de rivalidad.

¡COMPARA!

• 1,70 m altura
• Mosasaurus hoffmannii 10 m

✳ Erupciones colosales cambiaron el clima y acidificaron el mar.

✳ El impacto de un asteroide oscureció la atmósfera.

✳ El movimiento continental generó cambios climáticos.

# Los reptiles van al cielo

## *Pteranodon longiceps* | *Quetzalcoatlus northropi*

Los *pterosaurios* eran reptiles grandes –y evolucionaron a tamaños cada vez mayores, hasta alcanzar dimensiones gigantescas–, pero no dinosaurios. Por eso, aunque tenían alas, no tenían relación con las aves actuales. Los únicos dinosaurios que superaron la extinción del *Cretácico* fueron los antepasados de los pájaros. Ningún pterosaurio pudo.

*Pteranodon* es bien conocido, gracias a más de mil fósiles. Habitó junto al mar a finales del Cretácico y capturaba peces con su largo *pico sin dientes*. *Caminaba* a cuatro patas y se cree que también *nadaba*. Por su envergadura, es probable que volara *planeando*. Tenían una vistosa *cresta*, más grande en los machos.

## POSIBLES CAUSAS DE EXTINCIÓN

✳ El movimiento continental generó cambios climáticos.

✳ Erupciones colosales cambiaron el clima y acidificaron el mar.

✳ El impacto de un asteroide oscureció la atmósfera.

El mayor animal volador conocido es *Quetzalcoatlus northropi*, con *12 m* de envergadura.

### ¡COMPARA!

• 1,70 m altura

• Pteranodon longiceps 6 m

• Quetzalcoatlus northropi 12 m

# ¡Menudo pájaro! *Titanis walleri*

La desaparición de casi todos los animales de más de 25 kg en la quinta extinción masiva dio paso a un nuevo periodo geológico, el *Paleógeno*, en el Terciario (hace entre 66 y 23 millones de años). En él repoblaron el planeta los supervivientes, en especial las *aves*, descendientes de los últimos *dinosaurios*. Algunas de ellas, como las llamadas *aves del terror*, alcanzaron de nuevo talla gigantesca... y otra vez se acabaron esfumando.

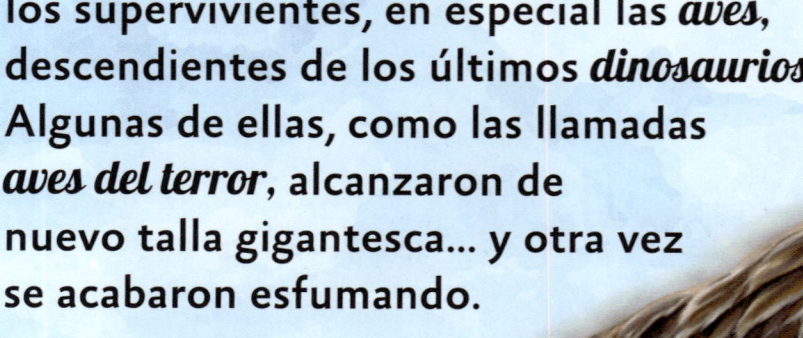

## ¡COMPARA!

- 1,70 m altura
- Titanis walleri 2 m

Las aves de la familia de los *fororrácidos* se conocen como «aves del terror» por su ferocidad y tamaño. Eran veloces *corredoras carnívoras*, incapaces de volar. Llegaban a los 3 m de altura. Vivían en *Sudamérica*. *Titanis walleri* fue el único fororrácido que se extendió al norte después de que América se fusionara.

Smilodon

Tremarctus floridanus

ISTMO DE PANAMÁ

Aenocyon dirus

Titanis walleri

Gliptodon

Megatherium

## Gran intercambio biótico americano

América del Norte y del Sur estaban separadas hasta hace unos 3 millones de años. Tras quedar unidas, muchos animales *migraron*. Eso causó extinciones en el sur, por la llegada de *predadores* como lobos, osos y felinos *dientes de sable*. Se cree que eso fue lo que les ocurrió a los fororrácidos.

### POSIBLES CAUSAS DE EXTINCIÓN

✳ Especies invasoras.

# Nuevos monstruos marinos *Basilosaurus cetoides*

La desaparición de los mosasaurios dejó hueco para *superpredadores* marinos gigantes y lo ocuparon los *basilosaurios*. Pese a su nombre (*basilosaurio* significa en griego *rey reptil*), eran *cetáceos* primitivos, antepasados de las ballenas, ¡pero mucho más *feroces!* Sus impresionantes *colmillos* hicieron pensar a quienes hallaron sus fósiles que se trataba de un gran saurio.

Los basilosaurios eran acuáticos por completo, pero conservaban minúsculas *patas*, restos de los mamíferos terrestres de los que procedían. Tenían muelas, así que se supone que *masticaban* las presas. Eran los mayores predadores acuáticos hace 40 millones de años, pero desaparecieron a finales del *Eoceno*.

✳ El impacto de asteroides oscureció la atmósfera.

✳ Erupciones colosales cambiaron el clima y acidificaron el mar.

✳ La unión de Asia y Europa y la separación de la Antártida, Sudamérica y Australia alteró las corrientes marinas y enfrió el clima.

# Extinción de finales del Eoceno

Hace unos 34 millones de años hubo un episodio de desaparición de especies que *no llegó a ser masivo*. Afectó sobre todo a animales marinos, pero también a los terrestres en *Europa*, por la llegada de especies de Asia tras unirse ambos continentes.

## ¡COMPARA!

• 1,70 m altura

• Basilosaurus cetoides 18 m

# Los aterradores familiares del cachalote

## *Livyatan melvillei*

La familia de *cetáceos* a la que pertenece el cachalote contaba hasta hace unos 9 millones de años con varias especies de aspecto muy similar al suyo, pero con una mandíbula más potente llena de dientes. Eran *superpredadores*. El de mayor tamaño, *Livyatan melvillei*, coexistió, y casi seguro rivalizó, con el tiburón más grande que ha existido, *Otodus megalodon*.

Livyatan era muy parecido al cachalote (*Physeter macrocephalus*), del que desconocemos casi tanto como de su extinto familiar.

Por ejemplo, ignoramos la función del *órgano del espermaceti*, gran depósito de grasa que da forma abultada a la cabeza del cachalote y que también tenía *Livyatan*. Hay teorías de que puede servir para regular la flotabilidad o ayudar a la ecolocalización.

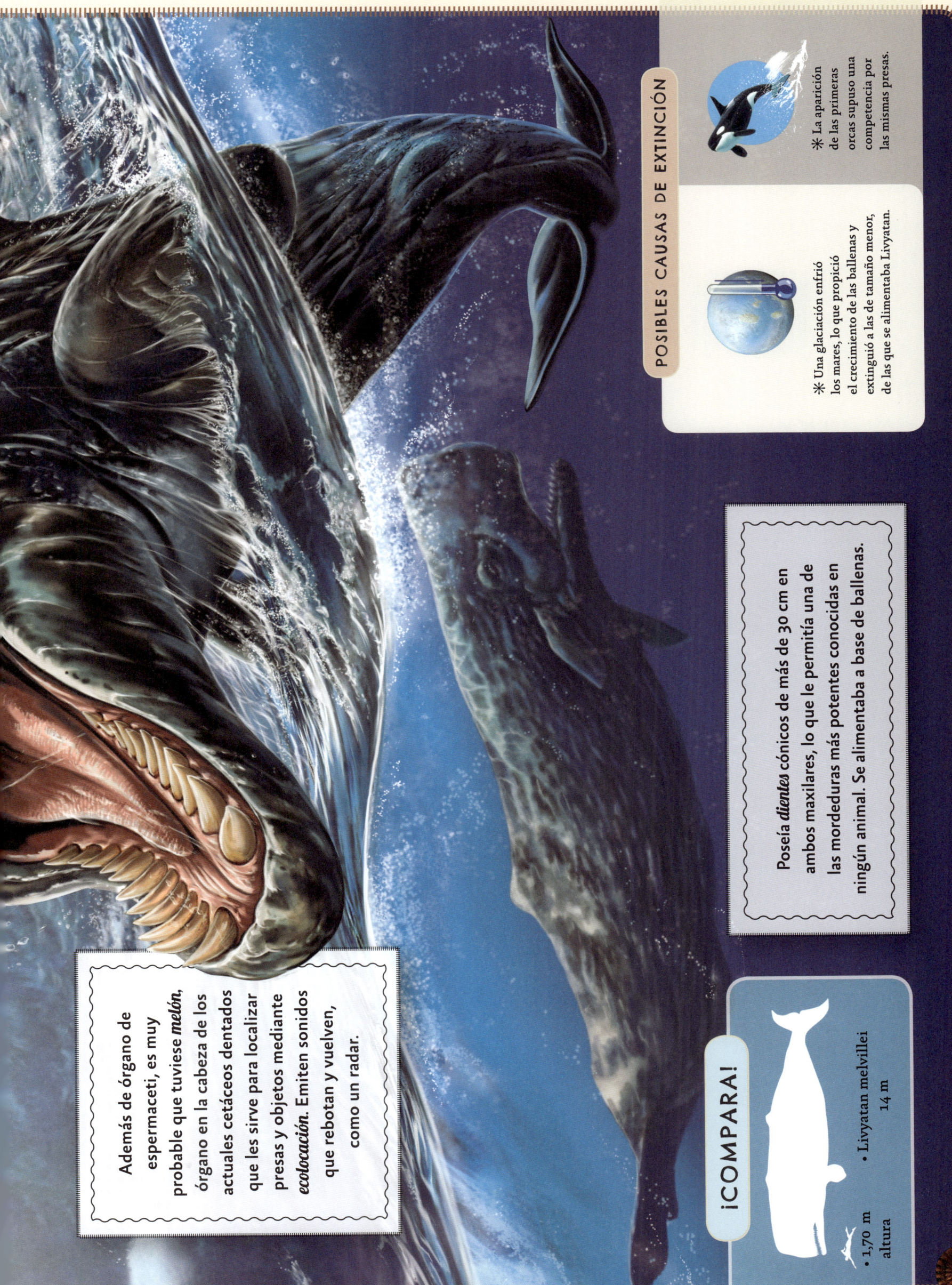

✳ La aparición de las primeras orcas supuso una competencia por las mismas presas.

✳ Una glaciación enfrió los mares, lo que propició el crecimiento de las ballenas y extinguió a las de tamaño menor, de las que se alimentaba Livyatan.

Poseía *dientes* cónicos de más de 30 cm en ambos maxilares, lo que le permitía una de las mordeduras más potentes conocidas en ningún animal. Se alimentaba a base de ballenas.

Además de órgano de espermaceti, es muy probable que tuviese *melón*, órgano en la cabeza de los actuales cetáceos dentados que les sirve para localizar presas y objetos mediante *ecolocación*. Emiten sonidos que rebotan y vuelven, como un radar.

¡COMPARA!

• 1,70 m altura

• Livyatan melvillei 14 m

53

# Puente que une... y separa

El cierre del istmo de Panamá, completado hace 2,7 millones de años, permitió el paso de animales terrestres, pero fue *aislando* poblaciones de *fauna marina* que antes circulaba entre océanos. Además, alteró las *corrientes*, lo que generó *glaciaciones* que redujeron el nivel del agua. Todo ello pudo dejar sin zonas de cría al *Megalodon* y extinguir las ballenas pequeñas que comía.

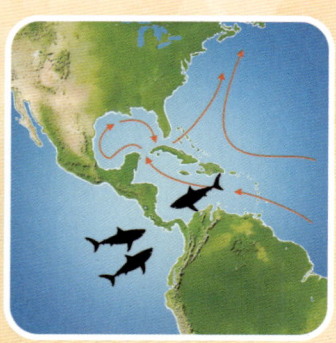

## ¡COMPARA!

- 1,70 m altura
- Otodus megalodon 15 m

## POSIBLES CAUSAS DE EXTINCIÓN

✳ Ecosistemas desequilibrados por cambios en la geografía continental.

✳ Una glaciación

# Tiburón devorador de ballenas *Otodus megalodon*

El pánico que tenemos a los *tiburones* ha hecho que proliferen películas de terror protagonizadas por escualos de tamaño desmesurado, identificados como *megalodones*. Y es cierto que existió un tiburón así, pero dejó de haberlo hace más de 3 millones de años. Además, no le interesaban las presas pequeñas: comía *ballenas*.

Megalodon, con una boca de 3 m de diámetro repleta de dientes de 18 cm, era el doble de grande que un tiburón blanco actual. Surcó durante durante 20 millones de años mares de todo el mundo, pero criaba en áreas costeras específicas y entre las posibles causas de su extinción figura la formación del istmo de Panamá.

# La extinción en marcha
## *Megatherium americanum*

El *Cuaternario*, el periodo geológico en el que estamos actualmente, empezó hace *2,5 millones* de años. Más o menos entonces empezaron a tallar piedra nuestros antepasados. Nuestra especie, el Homo sapiens, apareció en *África* hace *300.000 años*. Desde que empezó nuestra expansión mundial hace más de 100.000 años, nos hemos convertido en una causa de la extinción de *megafauna del Cuaternario*, que empezó por los animales grandes y sigue con los pequeños. Es posible que estemos asistiendo a la *sexta extinción* masiva.

Los *megaterios* eran parientes de los *perezosos*, que viven en los árboles. Pero pesaban *3 toneladas*, así que vivían en el suelo y se alzaban para comer hojas de las ramas. Fueron de los pocos animales de Sudamérica que se *expandieron* a Norteamérica tras unirse el continente. Otra migración, la del *Homo sapiens* a América, extinguió a los megaterios a fuerza de cazarlos.

¡COMPARA!

• 1,70 m altura

• Megaterio 6 m

El primer *esqueleto* de *megaterio* se encontró en 1787 en *Argentina*. Como parte del Virreinato del Río de la Plata, los huesos se enviaron a *España*, donde el naturalista *Juan Bautista Bru* hizo la primera reconstrucción anatómica del esqueleto de un animal extinto. Puedes verla en el *Museo Nacional de Ciencias Naturales* (Madrid).

POSIBLES CAUSAS DE EXTINCIÓN

✳ La caza

# Enormes lanudos
## *Mammuthus primigenius*

Junto a los dinosaurios, los animales extintos que más nos fascinan son los *mamuts*. La última de sus diez especies desapareció hace solo *3.700 años*. El mamut inspiró a artistas rupestres que plasmaron detalles anatómicos imposibles de deducir a partir de fósiles... aunque tengamos ejemplares congelados casi *intactos*.

Había especies de diverso tamaño, incluida una de 1 m de altura. Pero la más importante fue el *mamut lanudo (Mammuthus primigenius)*. Vivía en *manadas* en las estepas. Su *pelo* lanoso y una capa de *grasa* de 8 cm le permitieron sortear los 840.000 años de *glaciaciones del Pleistoceno*. Otra adaptación al frío eran sus orejas de 30 cm, seis veces más pequeñas que las de su pariente el elefante africano.

¡COMPARA!

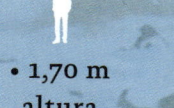

• 1,70 m altura

• Mamut lanudo 3,5 m colmillos de 3 m

El mamut apasionaba a nuestros antepasados, como demuestran los *retratos* que trazaron en cuevas. ¡Gracias a esas pinturas sabemos que tenía *joroba*!

POSIBLES CAUSAS DE EXTINCIÓN

✳ La caza

✳ Desglaciación hace 10.000 años

## POSIBLES CAUSAS DE EXTINCIÓN

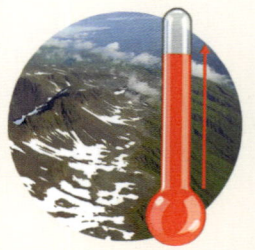

✳ Desglaciación hace 10.000 años

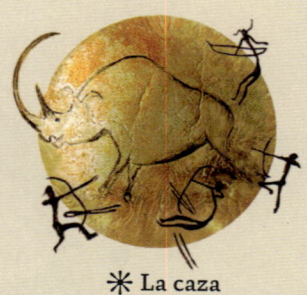

✳ La caza

El rinoceronte lanudo está entre los motivos más reconocibles del arte de nuestros antepasados ***cavernícolas.*** Ellos lo cazaban, pero hay estudios genéticos que apuntan a que el principal motivo de extinción fue que no se adaptó al ***calentamiento climático***.

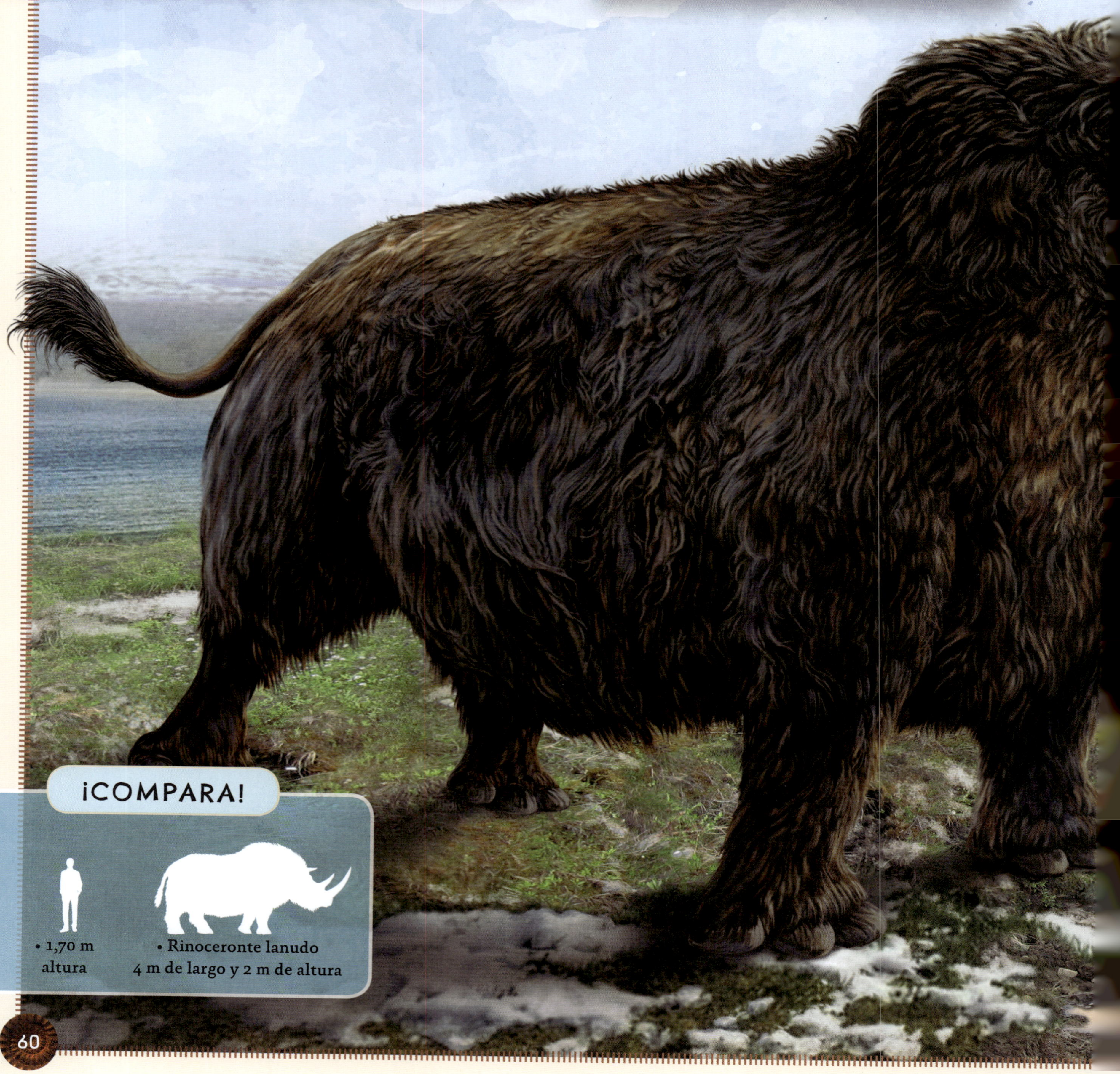

## ¡COMPARA!

• 1,70 m altura

• Rinoceronte lanudo 4 m de largo y 2 m de altura

# La triste suerte del rinoceronte lanudo

## *Coelodonta antiquitatis*

El *rinoceronte lanudo (Coelodonta antiquitatis)* se sumó hace unos *10.000 años* a la ola de desapariciones de grandes mamíferos. Al igual que del mamut lanudo, tenemos representaciones suyas en el arte rupestre y ejemplares en un estado de conservación asombroso.

El hallazgo de rinocerontes lanudos *congelados* en el Ártico lo convierten en una de las especies extintas de las que tenemos más datos. Pastaba en las *estepas* glaciales protegido del frío por los *mechones lanosos* que le cubrían el cuerpo. Su *cuerno* mayor llegaba a 1,5 m y era *aplanado*, a diferencia de la forma cónica del cuerno de los rinocerontes actuales, familiares suyos.

# Colmillos largos, breve existencia *Smilodon populator*

Varios géneros de mamíferos carnívoros desarrollaron *dientes de sable*. Los más conocidos fueron los *felinos* del género *Smilodon*, originario de *América del Norte*. Formaba parte de los predadores que *emigraron* al sur tras unirse el continente. Allí contribuyeron a extinguir a las *aves del terror*... para desaparecer ellos también hace *11.000 años*, tras la llegada de otra especie invasora que camina sobre dos patas: el *Homo sapiens*.

## ¡COMPARA!

- 1,70 m altura
- Tigre dientes de sable 2 m de longitud y 1,5 m de altura

Se les denomina tigres de *dientes de sable*, aunque los *Smilodon* carecen de parentesco con esos felinos. La especie más grande fue la sudamericana *Smilodon populator*, uno de los mayores félidos conocidos, con un peso de *400 kilos*. La existencia de fósiles de ejemplares que fueron capaces de recuperarse de heridas graves apunta a que vivían en *manada* y cooperaban entre ellos.

Unos colmillos de *28 cm* como los de los
*S. populator* requerían de una **apertura de
mandíbula** muy amplia, hasta 120 grados,
el doble que un felino moderno. Se supone
que, aparte de dar mordiscos, los clavaba
como *puñales* en sus presas.

## POSIBLES CAUSAS DE EXTINCIÓN

✻ Caza y competencia
por las presas

✻ Desglaciación
hace 10.000 años

✳ Competencia por las cavernas

# ¿Desahucio terminal?

Un estudio genético de fósiles en España reveló que el oso cavernario tenía instinto *hogareño* y habitaba las mismas grutas durante generaciones. Eso explica que en algunas haya restos de cientos de ellos. También puede ser la razón de su declive: los *cavernícolas* humanos se adueñaron de sus cuevas y los desahuciados no hallaron otras donde hibernar y criar.

## ¡COMPARA!

- 1,70 m altura
- Oso cavernario 3,5 m en pie

# Desahuciados sin destino

**Ursus spelaeus** | El *oso cavernario* fue durante millones de años uno de los animales más extendidos en *Europa*. Han aparecido restos de más de cien mil ejemplares en cuevas desde España a Rusia. Apenas tenía enemigos, pero acabó coincidiendo con los humanos por duplicado: tanto con los *neandertales* como con los *sapiens*. Y a ambos les gustaba vivir en las mismas cavernas que los osos...

Debía de ser imponente encontrarse en una cueva con un macho de oso cavernario de más de *600 kilos*. Eran temibles incluso para los leones y hienas que poblaban Europa. Solo era vulnerable cuando estaba aletargado, durante la *hibernación*. Y sin embargo, pocos tenían que temer su ataque: era sobre todo *herbívoro* y *carroñero* ocasional.

65

# Espejo en el que mirarnos

## *Homo neanderthalensis* | *Homo floresiensis*

Los sapiens no somos los únicos representantes del género *Homo*. Hay constancia de especies aún sin nombre taxonómico por falta de fósiles, como los *denisovanos*. Sin embargo, el *congénere* que más nos ha marcado es el *neanderthalensis*. La abundancia de restos nos ha permitido conocerlo bien... y comprobar que los humanos nos podemos extinguir, como cualquier otro animal.

Los *neandertales* estaban muy adaptados al *frío* de su época. Desarrollaron una *cultura compleja* que produjo herramientas, arte rupestre, ritos fúnebres y seguramente creencias religiosas. Podían *hablar*. Ignoramos si dialogaron con los sapiens, pero sabemos que se mezclaron con ellos. ¡Por eso tenemos *genes* neandertales!

## ¡COMPARA!

• 1,70 m altura    • Neanderthalensis 1,65 m    • Floresiensis 1 m

# Hobbit

La llegada de los sapiens también coincidió con la extinción de otros humanos, el *Homo floresiensis*, hace *50.000 años* en la isla de *Flores (Indonesia)*. ¡Medían solo 1 metro!

POSIBLES CAUSAS DE EXTINCIÓN

✳ Especies invasoras

# Sin presa grande, no hay gran predador

*Hieraaetus/Harpagornis/Aquila moorei | Dinornis robustus*

Navegantes polinesios se asentaron en *Nueva Zelanda* en el s. XIII. Cuando llegaron, la fauna dominante en esas islas estaba compuesta por nueve especies de grandes aves sin alas, los *moas*, y su predador, la mayor *águila* que ha existido. Cien años después, todas estaban extintas.

Los moa eran similares de aspecto, pero de tamaño variado, desde 1,5 m de altura a los 3,6 del *moa gigante* (*Dinornis robustus*). Carecían de alas y eran *herbívoros*. Su único predador durante miles de años fue el *águila de Haast* (*Hieraaetus/Harpagornis/Aquila moorei*). Con sus enormes *garras* de 30 cm, era capaz de cazar moas de hasta 200 kg.

✳ La caza

## Víctima colateral

Los moas crecían despacio y ponían pocos huevos. No pudieron sobreponerse al ritmo de *caza* de los humanos. Su extinción supuso también la del *águila de Haast*, que se quedó sin presas. Es posible que el hambre las llevara a atacar a personas e inspirara a los isleños la *leyenda del poukai*, un ave mitológica devoradora de hombres.

### ¡COMPARA!

- Águila de Haast
3 m de envergadura, 1,5 m de longitud

- Moa gigante
3,6 m altura, 2 hasta el lomo

- 1,7 0m altura

✳ La caza

## Víctima culpabilizada

Las especies evolucionadas sin contacto con un predador carecen de instinto defensivo ante él. Esa falta de temor se llama *ingenuidad ecológica*. Por eso el dodo no huía de los humanos, que pensaban que era bobo. El naturalista *Carl Linneo* también creyó que era un ave inepta y la catalogó como *Didus ineptus* (luego nombrada *Rafus cucullatus*).

## ¡COMPARA!

• 1,70 m
altura

• Dodo
1 m

# Dodo, modelo de extinción *Rafus cucullatus*

La aniquilación del *dodo* fue tan rápida que, por vez primera, los seres humanos nos dimos cuenta de que habíamos sido los causantes. El modo en que lo tratamos también es un buen ejemplo de por qué somos *letales* para los ecosistemas y para animales y plantas. Por eso el dodo se ha convertido en *símbolo* de la extinción causada por el *Homo sapiens*.

El dodo vivía en la isla de *Mauricio*, en el océano Índico. Pesaba unos quince kilos y era *incapaz de volar*. Hasta el s. XVI se desconocía su existencia. La extinción empezó con su *caza* intensiva por parte de marineros y colonos, para comérselo. Luego destruyeron los *bosques* en los que vivía, para talar madera y sembrar. Y por último, los granjeros llevaron *cerdos*, que devoraban los huevos porque el dodo anidaba en el suelo. En *1680* ya no existía ninguno.

# Descubrimiento = extinción *Hydrodamalis gigas*

La *vaca marina de Steller* tomó su nombre del naturalista que la describió por vez primera, en 1741. Con *10 toneladas* de peso, era el mayor de los *sirenios*, orden de mamíferos tan bien adaptados al mar que jamás tocan tierra. Vivía en el gélido *mar de Bering*. Su carne y su grasa atrajeron a la industria ballenera. En *1768* ya había sido exterminada.

**¡COMPARA!**

- 1,70 m altura
- Vaca marina de Steller 9 m de largo

El espesor de su *grasa* (10 cm) y su *piel* (2,5 cm) le permitían estar adaptada a las aguas frías. Eso le daba tanta flotabilidad que le era *imposible sumergirse*, pero no lo necesitaba para alimentarse en los bosques de *kelp*, algas que trituraba con unas placas óseas que tenía en su boca *sin dientes*. Vivía en grupos familiares y era mansa.

## POSIBLES CAUSAS DE EXTINCIÓN

✳ La caza

# Día y hora de extinción

## *Pinguinus impennis*

El ***alca gigante*** se extinguió en *1844* en el islote de *Eldey* (Islandia). Tres hombres mataron a la última pareja para *venderla*. El ave, que había sido abundantísima, era ya tan escasa que museos y coleccionistas pagaban bien por hacerse con una, antes de que se desvaneciera. Porque había mucho interés por conservarla... pero no viva, sino *disecada*.

**¡COMPARA!**

• 1,70 m altura

• Alca gigante 80 cm de longitud

Vivía en grandes *colonias*. Caminaba con torpeza y no volaba, pero era una *nadadora* ágil que atrapaba peces y moluscos. Se emparejaba de por vida y ponía un solo huevo en época de cría. Durante trescientos años se la capturó sin freno para llenar las *despensas* de barcos. Los fabricantes de *almohadas* las desplumaban a millares. Y en las islas sin madera servían de *leña*, dado que su grasa ardía.

# Vida de ultratumba

El alca gigante era mucho más conocida con el nombre de ***pingüino***. Por eso, cuando los europeos descubrieron unas aves parecidas, las llamaron como a la desaparecida, aunque las alcas gigantes y los actuales pingüinos ***carecen de parentesco***.

POSIBLES CAUSAS DE EXTINCIÓN

✳ La caza

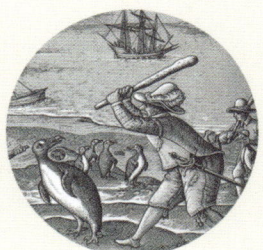

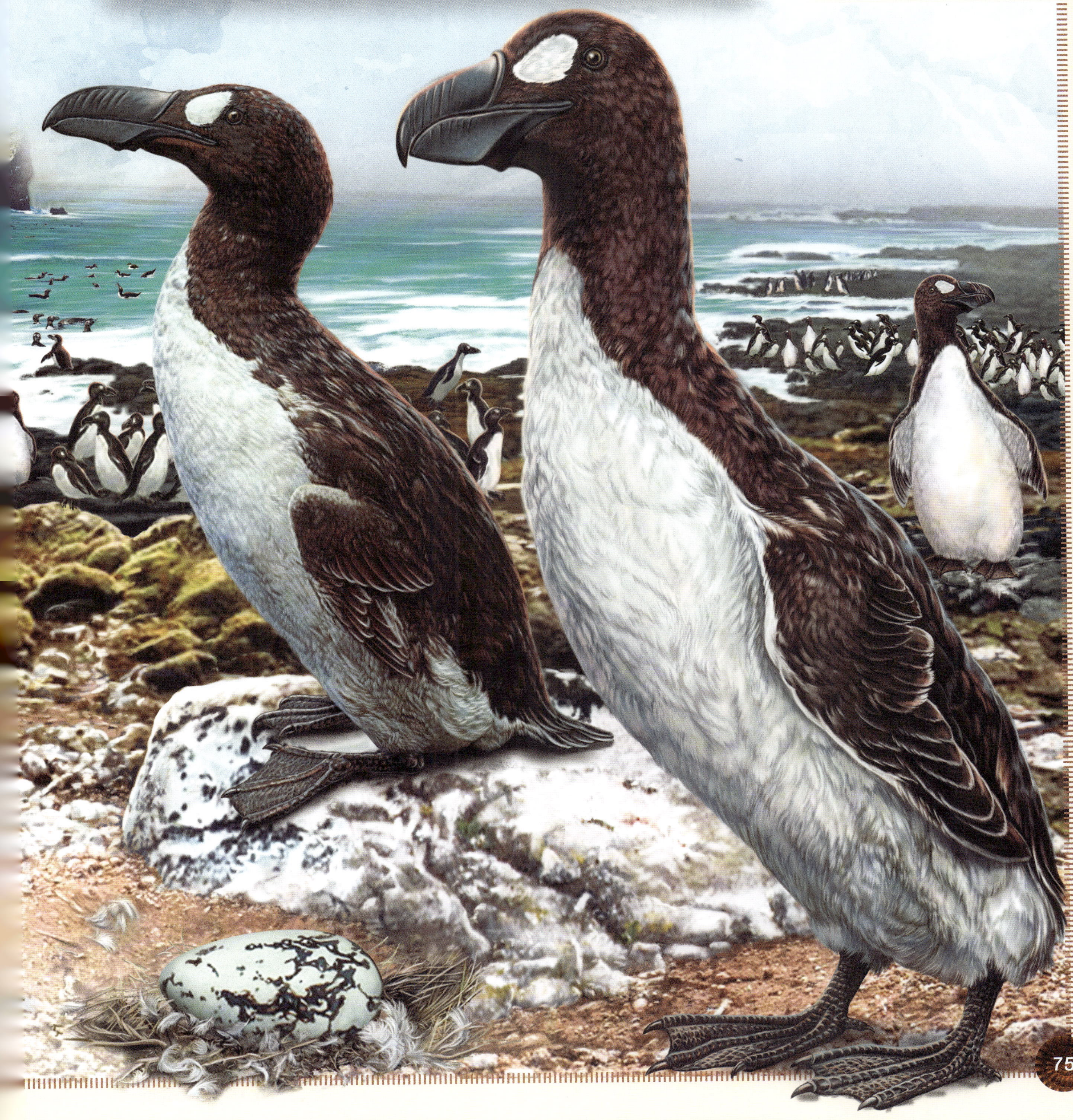

# El sombrío final del ave que ocultaba el sol

## *Ectopistes migratorius*

Ninguna ave ha formado grupos más numerosos que la *paloma migratoria*. Vivía en Estados Unidos. Cuatro siglos antes de extinguirse, había unos *cinco mil millones* de ellas, es decir, una tercera parte de todas las aves norteamericanas. Su nombre viene de que realizaba largas *migraciones*, en las que las *bandadas* kilométricas tapaban el sol durante horas. El último ejemplar murió enjaulado y solo.

Volaba *rápido* (100 km/h) y *lejos*, desde sus zonas de cría a la de invernada. Era *arborícola* y comía insectos y frutos silvestres. Anidaba en comunidades de *millones de ejemplares* que ocupaban cientos de hectáreas de bosque. No solían repetir los lugares de nidificación. Ponía un solo huevo por temporada.

## Matanza implacable

Su declive empezó en el siglo XVI, con la
llegada de colonos europeos, que *talaban*
los bosques y *tiroteaban* a las bandadas.
Pero su perdición llegó mucho más tarde,
cuando la convirtieron en *comida barata*
para vender en las ciudades. Se la mataba
a tiros, con redes, asfixiada con azufre y
cortando los árboles con nidos. La última,
*Martha*, murió en 1914 en un zoo.

¡COMPARA!

• 20 cm

• Paloma migratoria
40 cm

# Las islas de las extinciones *Thylacinus cynocephalus*

Australia, Nueva Zelanda y el resto de *Oceanía* son ejemplo de cómo el ser humano desequilibra los ecosistemas. El aislamiento de esos territorios propició una fauna única, como los *marsupiales*, casi inexistentes en el resto del planeta. La llegada de colonos supuso la destrucción de hábitats para instalar *granjas* y la introducción de *especies invasoras*, como conejos, perros, gatos y zorros. Todos ellos desplazaron a los animales autóctonos y muchos no lo superaron.

Su aspecto canino y piel atigrada hicieron que se le llamara *lobo marsupial* y *tigre de Tasmania*, pero su nombre era *tilacino (Thylacinus cynocephalus)*. Era un *marsupial* (mamífero que cría sus hijos en una bolsa corporal). Tenía un tamaño modesto, pero suficiente para ser el mayor *predador* tasmano, con aves y pequeños mamíferos como dieta.

## ¡COMPARA!

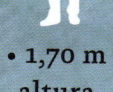

• 1,70 m altura

• Tilacino
60 cm altura y 1,5 m longitud

Con la introducción de *ovejas* en la isla de *Tasmania* (Australia) a comienzos del s. XIX empezó la cuenta atrás para el tilacino. Se le consideraba una amenaza para el ganado, así que se *recompensó su caza*. A eso se añadió que una epidemia vírica diezmó a los pocos que escaparon. El último tilacino murió en un zoo en *1936*. Setenta años después, su cabeza volvió a tener precio: una revista ofrecía una fortuna a quien hallara uno *vivo*.

## POSIBLES CAUSAS DE EXTINCIÓN

✳ La caza 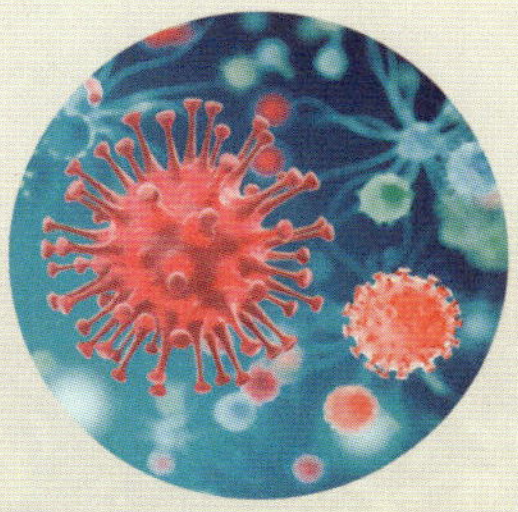   ✳ Enfermedad vírica

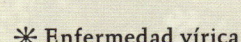

# Exterminados por diversión

*Ursus arctos crowthery*

Varias subespecies de *oso pardo (Ursus arctos)* han sido aniquiladas en tiempos recientes. El oso del Atlas *(U.a. crowthery)*, único plantígrado de África, abundaba en el norte del continente en tiempo de los romanos, que lo usaron en grandes cantidades en sus *circos*. Los últimos ejemplares se abatieron a finales del s. XIX en partidas de *caza deportiva*.

**¡COMPARA!**

• 1,70 m altura

• Oso del Atlas 2 m de longitud

La del Atlas no es la única especie de oso pardo aniquilada por los cazadores. Tampoco existe hoy en *México* el *oso plateado (U.a. nelsoni)* desde 1964. El caso más paradójico es el del *oso grizzly de California (U.a. californicus)*. Los californianos lo adoptaron como emblema para la enseña de ese territorio de EE. UU. Pero eso no les impidió cazarlo. Desde hace un siglo, en California no queda más grizzly que el de su *bandera*.

POSIBLES CAUSAS DE EXTINCIÓN

✳ caza deportiva y otras diversiones

# Su cuerno «mágico» le hizo desaparecer

## *Diceros bicornis longipes*

El *rinoceronte negro del África Occidental* era hasta 1970 la subespecie más abundante de esa familia de mamíferos en África. Pero la demanda de su *cuerno* para la *curandería*, que sin fundamento científico le atribuye propiedades medicinales, impulsó la caza furtiva. Desprotegido, hacia 1990 su población había decrecido un 96 por ciento y en 2011 se le declaró extinto.

> Su escasa tasa de natalidad es uno de los problemas para la supervivencia de la especie. La gestación dura entre 15 y 16 meses y la camada es de una sola cría.

**¡COMPARA!**

• 1,70 m altura

• Rinoceronte negro 4 m de longitud y 1,5 de altura

El segundo mamífero terrestre en *tamaño* —solo el elefante lo supera— tenía una *coraza* de piel gruesa y un largo cuerno para defenderse. Pero eso no lo protegió de la *caza furtiva*. Todas las subespecies de *rinoceronte negro* están en riesgo crítico de acabar como la de África Occidental. De la otra especie africana, el *rinoceronte blanco* (*Ceratotherium simum*), el último macho de la subespecie norteña (*C. s. cottoni*) murió en 2018 y solo quedan dos hembras, ambas en cautividad.

POSIBLES CAUSAS DE EXTINCIÓN

✳ caza deportiva y otras diversiones

Los cuernos de rinoceronte se pagan tan *caros* en Asia que no solo se están cazando animales salvajes, sino que los furtivos los han matado también en *zoos* ¡e incluso mutilado cráneos y ejemplares disecados en *museos*! Pero ese cuerno está hecho de queratina, como tus *uñas*. ¡Es igual de curativo extinguir esta especie que morderse las uñas!

# ¿A quién temen las fieras? *Panthera tigris sondaica*

Pocos seres nos atemorizan más que los grandes felinos. Los vemos como *fieras* majestuosas. Y sin embargo, están entre las especies más *vulnerables*. Dependen para alimentarse de presas concretas en un territorio limitado, y cualquier alteración de alguno de estos factores les resulta fatídica. Otra de sus amenazas es la creencia *irracional* en algunas culturas de que quien se alimenta de ellos recibe también su fuerza.

## ¡COMPARA!

- 1,70 m altura
- Tigre de Java 2,5 m

El tigre de la isla indonesia de Java *(Panthera tigris sondaica)* era un poco menor que las especies continentales. A comienzos del s. XIX había tantos que se consideraban una *plaga*. Se alimentaba de grandes herbívoros en las selvas, cada vez más reducidas porque los isleños plantaban *cultivos* y *talaban* la madera. Además, *cazaban* y envenenaban al tigre. En la década de *1990* se le declaró extinguido.

# ¿Medicina?

Uno de los motivos que impulsan la caza de tigres, rinocerontes y otros animales es la idea de que su consumo es medicinal o estimulante. Esas creencias de *curandería* persisten pese a los estudios científicos que les niegan credibilidad. Cada año se confiscan en las aduanas *toneladas de preparados* a base de especies en riesgo de extinción.

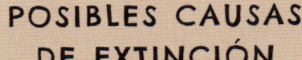

POSIBLES CAUSAS DE EXTINCIÓN

✳ La caza

# ¿Pandemia... o algo más?

***Incilius periglenes*** | Abundaba, pero solo en un lugar; y de pronto, se esfumó. Así puede resumirse el destino de más de ***90 especies de anfibios*** en los últimos ***40 años.*** La aniquilación parece imparable y está vinculada a un ***quitridio,*** un tipo de hongo. Ataca la ***piel*** de los anfibios, órgano muy importante porque a través de ella intercambian nutrientes, eliminan toxinas y respiran. La mayoría de los enfermos mueren.

## ¡COMPARA!

• Sapo dorado macho 4,5 cm.

• Sapo dorado hembra 5,5 cm.

Muchas especies podrían ilustrar el declive de los anfibios, pero la belleza del *sapo dorado (Incilius periglenes)* lo ha convertido en referente. Era insectívoro y habitaba en ***Costa Rica.*** Había 8 veces más machos que hembras, lo que hacía que los emparejamientos fuesen muy disputados. En 1989 había unos ***1.500 ejemplares*** de sapo dorado. Dos años después se vio el último.

# ¿Por qué?

Se ha confirmado que los anfibios llevan expuestos al hongo desde hace más de un siglo, pero sin la *virulencia* actual. Una posible explicación es que el *tráfico de especies* ha favorecido la difusión de la plaga, y que la contaminación por *pesticidas* ha reducido la protección dérmica de los anfibios.

## POSIBLES CAUSAS DE EXTINCIÓN

❋ Infección por hongo quitridio

❋ El calentamiento climático ha reproducido el hongo.

❋ Insecticidas y pérdida de su hábitat

# La lenta marcha de las tortugas

*Chelonoidis abingdonii* | Las diez especies de grandes tortugas que dan nombre a las *islas Galápagos* (Ecuador) están entre los animales más *longevos*. Pero no son inmortales, ni sus especies tampoco. Larga vida y extinción se conjugan en la historia de Solitario George, la *tortuga gigante de Pinta* que durante 41 años mantuvo la existencia de su especie: *Chelonoidis abingdonii*.

La tortuga gigante de la isla de Pinta y su caparazón en forma de *silla de montar* se perdieron de vista a comienzos del s. XX y se daba por extinta hasta que un biólogo se topó en 1971 con un macho, al que se llamó *Solitario George*. Se intentó emparejarlo con hembras de especies similares, pero sin éxito. *Solitario George* murió en *2012* con *102 años* de edad.

**¡COMPARA!**

• 1,70 m altura

• Tortuga gigante de Pinta 1,87 m

## Entre todos la mataron y ella sola se murió

Varias especies de *tortugas gigantes* de las Galápagos quedaron muy mermadas por su uso como provisión en los barcos a partir del s. XVI. La capacidad de estos animales de sobrevivir sin sustento los hacía ideales para llevarlos vivos e irlos comiendo durante la travesía. El daño se hizo mayor con la introducción en el *archipiélago de cabras* que privaban a las tortugas de las hierbas y hojas que comían.

POSIBLES CAUSAS DE EXTINCIÓN

✳ Caza y especies invasoras

# La especie que resucitó

## Capra pyrenaica pyrenaica

El *bucardo* era una cabra típica de los Pirineos. El último ejemplar fue una hembra que murió aplastada por un árbol en *Huesca* el año *2000*. La llamaban *Celia* y fue disecada. Pero un equipo científico de una institución aragonesa fue más audaz: empleó los *genes de Celia* para crear un clon. El *30 de julio de 2003* nació en *Zaragoza* una bucardo, que murió a los 10 minutos. Una vida breve, pero histórica para la ciencia: por vez primera, se había *resucitado* una especie extinta.

Los vistosos *cuernos* del macho de bucardo (*Capra pyrenaica pyrenaica*) lo hacían pieza codiciada por los *cazadores*. Esta especie ocupaba en la antigüedad zonas extensas de España y Francia, pero en 1972 solo quedaban 50, todos en el *Pirineo español*.

✳ La caza

## ¿Debemos revivirlos?

El hallazgo de *mamuts*, *rinocerontes lanudos* y otros animales congelados y muy bien conservados ha llevado a plantearse la posibilidad de obtener, a través de ingeniería genética, nuevos ejemplares. Pero hay grandes dudas éticas.

También se cuestiona el sentido de resucitar un animal cuyo *ecosistema* dejó de existir hace miles de años.

¡COMPARA!

• 1,70 m altura

• Bucardo macho 1,5 m

## Insólita crianza

De las *maravillas* que pueden perderse antes de conocerlas es ejemplo el género de ranas *Rheobatrachus*. Lo formaban dos especies, *R. silus* y *R. vitellinus*. La primera se descubrió en 1972 y la segunda en 1984, un año antes de que ambas se extinguieran. Se las recuerda por su peculiar *crianza*. La hembra se tragaba los huevos, criaba los embriones en su sistema digestivo y los *daba a luz* por la boca. Se desconoce cómo era posible que las crías no resultaran digeridas. Hay en marcha un plan para *revivirlas*.

## Grandes desconocidos

Los *océanos* están tan inexplorados que incluso animales grandes pasan inadvertidos. Un ejemplo son los *zifios*, familia de cetáceos con dientes y largo hocico. Todos miden varios metros y viven en alta mar. A algunos solo los vemos cuando aparecen varados. El *zifio de Stejneger* (*Mesoplodon stejnegeri*) fue descrito en 1885 a partir de un cráneo hallado en el *mar de Bering*. Hasta que *109 años* después quedó varado otro, no se supo cómo son.

# Aδiós sin haber δicho hola *Rheobatrachus*

Nuestra actividad altera el *clima*, desequilibra *ecosistemas* y genera *residuos letales* para una cifra desconocida de especies. Estemos o no en la sexta *extinción masiva*, sin duda van a continuar desapareciendo animales. Muchos se extinguirán sin ni haber sido descubiertos, porque la Tierra sigue *inexplorada*. Hay catalogadas *1,25 millones* de especies de animales, pero se calcula que existen *8 veces más*.

Los zifios tienen un morro aguzado, similar al de los delfines. Por eso en algunos países los llaman *ballenas de pico*. Los cráneos de los machos se distinguen de los de las hembras en que tienen colmillos.